El Eneagrama

Aprende Sobre los 9 Tipos de Personalidad para Tener Relaciones Saludables. Una Guía Completa para la Autorrealización y el Autodescubrimiento Utilizando la Sabiduría del Eneagrama: los Mejores Audiolibros y Libros del Eneagrama;
Libro 1

Por Carly Greene

Tabla de Contenidos

Introducción

Desde el principio de los tiempos, las personas siempre han sentido que necesitan entenderse mejor a sí mismas. Como seres humanos, a menudo hemos lanzado nuestra curiosidad sobre el mundo que nos rodea, preguntándonos cómo se comporta y de qué está hecho. Pero nada nos ha resultado tan interesante como lo que nos hace humanos. Comprender las experiencias del ser humano y las cosas que nos hacen comportarnos como lo hacemos es una búsqueda honorable. En nuestro viaje, siempre nos hemos preguntado qué hace a las personas diferentes, qué nos hace únicos y cómo encajamos en el mundo. El Eneagrama es un sistema de tipificación de la personalidad que forma parte de esa historia. En él, encontramos nueve tipos de personalidad que están interconectados. Es un sistema complejo y matizado que muestra quiénes somos, qué nos motiva, nuestros miedos más profundos, nuestras fortalezas y debilidades, y lo que hacemos en nuestro peor y mejor momento. Es exhaustivo. Hoy en día, millones toman la prueba para saber más sobre sí mismos, cómo se relacionan con los demás y el mundo.

Conócete a ti mismo

Se puede ganar mucho si nos comprendemos a nosotros mismos. Cuando nos entendemos a nosotros mismos, sabemos cómo predecir con precisión nuestro comportamiento. Predecir nuestro comportamiento nos permite hacer mejores planes para posicionarnos mejor para obtener lo que queremos y poner en marcha medidas para evitar que actuemos de manera indeseable. Comprendernos a nosotros mismos nos da una idea de nuestro comportamiento. La intuición puede curarnos; puede hacernos más amables con nosotros mismos y revelar nuestros deseos más verdaderos, liberándonos de hábitos destructivos que hacen perder el tiempo. Sabremos cómo es el verdadero éxito para nosotros, cómo se ve una vida feliz y plena con esta idea. Esto puede ahorrarnos mucho dolor y llevarnos a la autoaceptación. Con una comprensión de nosotros mismos, podemos descubrir cómo encajamos en la sociedad, cuál es nuestro papel en el mundo y cómo maximizar nuestro potencial en esa área. Son cosas importantes. Son las cosas que determinan qué tan felices y exitosos seremos en nuestras vidas. Es importante conocernos a nosotros mismos por estas razones. El sistema del Eneagrama nos da esa oportunidad.   En este libro, exploraré cuáles son esos tipos de personalidad. También dedicaré algún tiempo a desarrollar varios temas relacionados con el sistema del Eneagrama. Luego, le daremos a cada tipo una hoja de ruta hacia la felicidad, la autorrealización y la plenitud. Va a ser un viaje breve, pero valioso.

Capítulo 1: Los tipos

En este capítulo, repasaremos las descripciones de los nueve tipos básicos de personalidad que se encuentran en el Eneagrama. Primero, repasaré algunas cosas que vale la pena comprender sobre el sistema del Eneagrama y su estructura.

La estructura

Los tipos de personalidad que se encuentran en el sistema del Eneagrama están interconectados y se relacionan entre sí de manera compleja. Para ilustrar estas conexiones y relaciones, los proponentes del sistema han ideado una estructura. Esta estructura es un ciclo con el número 9 en la parte superior, justo donde el 12 estaría en un reloj, y espaciados uniformemente alrededor del ciclo están los números restantes colocados en sentido horario. Cada número representa un tipo de personalidad. Dentro del círculo, hay líneas que conectan los números en patrones muy específicos. Estas líneas indican lo que se llama direcciones de integración y desintegración. Cada tipo tendrá dos líneas que emanan de ellos que se conectan con otros dos tipos. Una línea será la dirección de integración para ese tipo y la otra representará la dirección de desintegración. Estas líneas nos dicen cómo es probable que se vea ese tipo cuando esté bajo estrés (desintegración) y cuando las cosas vayan bien (integración). Por ejemplo, alguien a quien le vaya bien actuará como un siete saludable en el mismo nivel de desarrollo, y uno que no lo esté actuará como un cinco del mismo nivel de desarrollo. Hablaremos más sobre los niveles de desarrollo más adelante.

La posición que toma cada tipo de personalidad en el ciclo no es arbitraria. Los tipos de personalidad que flanquean un tipo de personalidad dado generalmente están presentes dentro de la personalidad en el medio. Estos tipos de personalidad se llaman alas. Cuando realizas una prueba de personalidad del Eneagrama, se te dará tu tipo de personalidad dominante como tu tipo. Esto significa que el número que te dan es el tipo de personalidad que mejor se adapta a ti. Luego se te darán puntuaciones sobre tus alas. Esto te informará sobre el tipo de personalidad secundaria que también te representa mejor, piensa en esto como otro lado de tu personalidad. También obtendrás puntuaciones sobre la medida en que puedes encontrarte en otros tipos de personalidad en el sistema. Las personas generalmente tienen un tipo de personalidad dominante y un ala. La culminación de estos tipos es la amalgama de tu personalidad. Entonces oirás a algunas personas decir: "Soy uno con un nueve como ala". Esto solo nos dice los dos tipos de personalidad más dominantes dentro de esa persona. Aun así, estrictamente hablando, puedes encontrar partes de ti mismo esparcidas por la estructura. Es por eso que uno puede actuar como un siete en ciertas situaciones, pero tu tipo dominante es quién eres la mayor parte del tiempo o en lo profundo.

Los números dados a los tipos no dicen nada sobre si son o no mejores que otros tipos. Un ocho no es mejor que un dos y viceversa. Incluso cuando hablamos de los rasgos que pertenecen a cualquiera de los tipos de personalidad, nadie es mejor que nadie. Sin embargo, puede parecer así en el mundo real. El entorno puede recompensar a ciertas personalidades más que a otras porque tienen habilidades que son muy valoradas. Aun así, lo contrario puede ser cierto en otro entorno. Todos los tipos del Eneagrama tienen miedos y deseos básicos. Su deseo es lo que más desean y su miedo es lo que les aterroriza. Pasemos a nuestros tipos de personalidad.

Tipo 1: El reformador

También se les conoce como el reformador. Los de tipo tienen un gran sentido de lo que está bien y lo que está mal, y están impulsados por un sentido de propósito para mejorar las cosas y el mundo. Quieren más que nada ser buenos. Sacrificarían fácilmente la comodidad y otras cosas para poder ser un instrumento de cambio.

Este tipo es bien conocido por ser organizado, disciplinado y con principios. Los que temen ser corrompidos y malvados. Como tienen estándares tan altos y trabajan duro para mantenerlos, a veces pueden ser críticos y expresar resentimiento cuando otros se las arreglan con poco esfuerzo. Como han trabajado tan duro y todo lo que hacen está justificado en sus mentes, pueden impacientarse con otros que no muestran la misma sensibilidad o frugalidad. Cuando uno está en su mejor momento, se convierte en un sabio gurú. Son perspicaces e inspiran gran admiración en los demás a través de su heroísmo moral.

Tipo 2: El ayudante

Los dos son los más cariñosos y muestran una gran empatía y autosacrificio. Les gusta ver felices a los demás, siempre tienen buenas intenciones y son generosos. Debido a lo mucho que dan y los sacrificios que hacen, pueden tener problemas con la envidia y el descuido de sí mismos. Temen ser indeseados y no amados. Su mayor deseo es ser amado por los demás; quieren ser necesitados, valorados y atesorados. Verá a los dos deleitándose con la cercanía familiar, sirviendo a los demás y prestándoles atención. Son los más compasivos, serviciales y amorosos, y lo disfrutan. Su generosidad es una bendición para aquellos que tienen la suerte de tenerlos en sus vidas.

Tipo 3: El triunfador

Los tres son impulsados y están enfocados en tener éxito. Están llenos de ambiciones y juntan medidas pragmáticas para conseguir lo que quieren. Quieren avanzar en la vida, por eso trabajan duro. En el mejor de los casos, son modelos a seguir. Luchan por trabajar demasiado duro y ser demasiado competitivos, incluso en lugares donde puede que no sea necesario. Corren el riesgo de no ser auténticos porque perseguirán cualquier cosa que les dé la imagen de sí mismos que creen que es más valiosa. Dado que son sensibles al éxito y las jerarquías sociales, los tres pueden ser cohibidos si no son tan exitosos como creen que deberían ser. Su mayor temor es ser menos valioso y ser de bajo nivel. Su mayor deseo en la vida es ser valioso e importante e integral a las cosas. Quieren que otros afirmen estos fuertes deseos, por lo que los encontrará deleitándose en atención y admiración.

Tipo 4: El individualista

Los del tipo cuatro son del tipo honesto y sensible. Tienen mucha conciencia de sí mismos, están retraídos y son contemplativos. Puede describirlos como emocionalmente desnudos, personales y expresivos. No pretenderán sentir o pensar lo que no sienten. Debido a que están tan en contacto con sus emociones, son propensos a la depresión, a revolcarse en sentimientos desagradables y a auto medicarse. Pueden alejarse de los demás porque sienten que algo anda mal en ellos. Pueden ser muy creativos e imaginativos. Lo más importante que desean es ser ellos mismos, ser genuinos con quienes son; por eso se invierten en encontrarse a sí mismos. Su mayor temor es la falta de identidad o la incapacidad de dejar una huella en el mundo a través de su disposición.

Tipo 5: El investigador

Los tipos cinco están impulsados por la sed de comprender las cosas en su nivel más fundamental. Son cerebrales, curiosos y aman las cosas complejas y estimulantes. Pueden concentrarse durante largos períodos. Se separaron fácilmente de los demás y pueden retirarse a sus mentes con mucha más facilidad a medida que encuentran su mundo interior mucho más interesante. Cuando los cinco están en su mejor momento, pueden abrir nuevos caminos, hacer que las personas vean las cosas de manera muy diferente. Su mayor temor es ser incompetente, ignorante o inútil. Su mayor deseo es lograr el dominio de cualquier cosa en la que inviertan su tiempo y energía.

Tipo 6: El leal

Como sugiere el nombre, los leales son los más leales de los tipos. Son muy confiables y responsables, trabajan duro y siempre están ahí para asegurarse de que todo funcione sin problemas. Tienen una idea para asegurarse de esto porque los seises están impulsados por la seguridad; su mayor deseo es tener seguridad y protección. Debido a que esto es lo que más quieren, pueden sentirse llenos de sospecha y ansiedad si no están seguros de tener seguridad. Su ansiedad revela que su mayor temor es estar sin seguridad. Entonces, en todo lo que hacen, intentan asegurarlo o mantenerlo. En el mejor de los casos, son los ciudadanos más estables y otros acuden a ellos para encontrar su fuerza, son seguros, cálidos y autosuficientes.

Tipo 7: El entusiasta

Los Siete son enérgicos, llenos de vida y amantes de las personas. Entran en el mundo con un optimismo vivo, una energía y un entusiasmo que les hacen afrontar con facilidad nuevos retos. Son alegres, adaptables y divertidos. Pueden luchar para ser impulsivos y poder mantener sus esfuerzos durante largos períodos. Como resultado, se encuentran incursionando aquí y allá, agotando sus recursos. Esto sucede porque a los sietes les gustan las cosas novedosas y emocionantes. Mantiene sus espíritus en alto; de lo contrario, perderían el interés y se agotarían. Su mayor temor es el dolor y la incomodidad, y su mayor deseo es sentirse cómodo y contento. En el mejor de los casos, los sietes saben cómo concentrar su energía, son contagiosamente felices y audaces.

Tipo 8: El retador

Los ocho son dominantes y asertivos. Van al mundo, decididos a hacerse cargo. Pueden ser territoriales, mandones y confrontativos. Son conocidos por cuidar de sí mismos primero y siempre tratar de tomar la iniciativa. En el peor de los casos, tienen mal genio y se niegan a abrirse a los demás. Creen que la vulnerabilidad es una muestra de debilidad y la debilidad invita a otros a tomar el control. Su mayor temor es estar bajo el dominio y control de los demás, por lo que son muy sensibles a que otros intenten asumir un papel como ese. En el fondo, los ocho quieren estar protegidos, por lo que intentan lograrlo controlando a sí mismos y al entorno que los rodea; quieren confiar completamente en sí mismos y mostrar su fuerza. En el mejor de los casos, los ocho están en la cima, lideran bien, están libres de inseguridades y muestran una asombrosa disciplina y autodominio.

Tipo 9: El pacificador

Los nueves son los más agradables y pacíficos de todos los tipos. Miran hacia afuera, al mundo, y quieren crear y mantener tanta armonía y paz como sea posible. Debido a que están tratando de preservar la paz a toda costa, pueden aceptar las cosas con bastante facilidad, volviéndose solidarios y complacientes. Porque confían y se sienten cómodos en la paz que se crea. Pueden ser lentos para actuar y rechazar cualquier impulso hacia el cambio porque lo consideran innecesario. En sus mentes, no hay necesidad de agitar las cosas, incluso si es por diversión; todo está bien cuando todo está en paz. Debido a que tienen una mente abierta, los nueves en su mejor momento muestran una actitud sin prejuicios y se convierten en excelentes solucionadores de conflictos. Su mayor temor es desconectarse de los demás; mantener la paz es su forma de prevenir esto. Desean estabilidad interior y conexión más que cualquier otro tipo. Por eso muestran una aguda sensibilidad espiritual.

Capítulo 2: Emociones que encontramos desafiantes y cómo las manejamos

Si piensas en el mundo como un juego que tiene desafíos y puede ser vencido, los tipos de personalidad son solo estrategias diferentes para jugar ese juego. Ninguna estrategia es intrínsecamente mejor que la otra, ya que todas estas estrategias han demostrado ser exitosas. Por eso todavía los tenemos en la sociedad porque la naturaleza los ha seleccionado. Estas estrategias son una respuesta a tres desafíos básicos. Si bien la mayoría de nosotros en la vida enfrentaremos los mismos desafíos, algunos de nosotros seremos más afectados por algunos desafíos que otros. Lucharemos contra ellos. Nuestras personalidades son la fuente de nuestra vulnerabilidad a algunos desafíos, tanto como nos dan una ventaja en otras áreas. Los investigadores se dieron cuenta de que las personalidades del sistema del Eneagrama se pueden dividir en tres temas o centros; estos nos dicen cuál de los principales desafíos aflige a las personalidades de esa sección. Las distintas personalidades afrontan ese desafío principal de distintas formas. Esto no significa que las personalidades de una sección no enfrenten los desafíos que enfrentan las otras dos secciones; solo significa para ellos, no es un gran impulsor. Aquí veremos tres secciones diferentes, y veremos cómo esto se muestra dentro de las personalidades.

Centro 1: El centro de acción / intestino

Esta sección comprende los tipos de personalidad uno, nueve y ocho. Los principales desafíos que enfrentan los que están en este centro son la ira y el control. Significa que estas dos emociones son las más dominantes, desafiantes o influyentes en comparación con los otros tipos. Los tipos tratan esto de manera diferente.

Los nueve son los pacificadores, por lo que cuando experimentan enojo o una pérdida de control, responden negándolo o tratando de ser indiferente. No dirán que los ha hecho enojar porque hacerlo podría agravar las cosas. Creen que esta es una forma viable de crear estabilidad.

Los Ochos responden a la ira mostrándola. Creen que hacerlo los pondrá en una posición de mando y creen que pueden controlar la ira. Hemos visto que esto puede resultar problemático, y es por eso que este tipo es conocido por tener en ocasiones problemas de temperamento.

Los uno reprimen su ira. Esto se debe a que en su búsqueda de la perfección y con su enorme sentido de la moralidad, estar enojado y perder el control parece algo que está en contra de la pureza y la perfección. Entonces lo reprimen, se tragan la ira y las emociones intensas. Pueden albergar un gran resentimiento y volverse críticos con los que muestran el suyo, sin darse cuenta de que su respuesta a la ira es en gran medida innata.

Como puedes ver en la forma en que estos tipos han lidiado con el dolor, hay tres formas básicas de reaccionar ante el desafío definitorio de cada centro. El primero es positivo. Se mueve en la dirección de las emociones o "abraza" esa emoción, cómo los ocho manejan la ira es un ejemplo de esto porque dejan entrar la ira. La segunda respuesta es de equilibrio o indiferencia, y los nueves son los ejemplos perfectos de esto porque lidian con la ira fingiendo que no existe. La tercera respuesta es negativa; las personalidades que usan esta estrategia rechazan la emoción: se niegan a dejarla entrar o dejar que se apodere. Como hemos visto, unos son ejemplos perfectos de esa estrategia. Reprimen su ira negándose a dejar que los influya.

Centro 2: Centro de sentimientos / corazón

Las personalidades en el centro del sentimiento son dos, tres y cuatro. La emoción dominante en este centro es la vergüenza.

Los dos enfrentan su vergüenza en una dirección que "abraza" esa emoción. La vergüenza es una emoción que nos dice que debemos sentirnos mal con nosotros mismos como resultado de algo que hemos hecho o algo que ha hecho alguien que está conectado con nosotros. Así que lo resuelven tratando de agradar a otras personas o de verlos de una mejor manera. Esto es actuar de acuerdo con cómo esta emoción nos exige que nos arrepintamos de alguna manera, y las acciones tomadas de dos en dos en esta situación están destinadas a hacer que las cosas vuelvan a estar bien. El método de respuesta de los tres es de indiferencia.

Los tres no intentan inventar o arreglar las cosas, simplemente se enfocan en su proyecto de ser aún mejores como personas, siguen adelante. Recuerda que este tipo está obsesionado con tener éxito, por lo que podrían evitar esos sentimientos por completo si no ven cómo sirven para su objetivo final.

Los cuatro usan el método negativo para lidiar con su vergüenza. Retroceden enfocándose en sí mismos, particularmente en las cosas que los hacen especiales. Esto sirve para validar sus sentimientos de ser incomprendidos y no encajar del todo con el mundo, por lo que algo que debería hacerlos sentir avergonzado se interpreta como algo incomprendido por la sociedad. Esto se convierte rápidamente en una autoevaluación, lo que puede llevar a sentimientos de insuficiencia, pero lo desviarán al encontrar refugio en su lado creativo y único.

Centro 3: El centro de pensamiento / cabeza

La emoción dominante en este centro es el miedo. Las personalidades que se encuentran en esta sección son cinco, seis y siete.

Los cinco lidian con el miedo usando el método negativo. El miedo exige que salgamos y hagamos algo al respecto; esto podría significar luchar o correr. Los Cinco corren, se retiran a su caparazón y quedan aislados. Pueden volverse más reservados y no estar dispuestos a participar en el mundo. Recuerda que los cinco quieren ser competitivos, así que cuando tienen miedo, se sienten incompetentes. Entonces, su forma de lidiar con eso es retroceder hasta que sienten que son competitivos nuevamente.

Los seis lidian con sus miedos a través del método del equilibrio o la indiferencia. Esto significa que no son tan conscientes y sintonizados como otros tipos son a la naturaleza de su situación. Entonces se ponen ansiosos. Entonces, incluso cuando encuentran un camino hacia la seguridad, que es lo que más quieren, todavía sienten que no es suficiente o que algo puede salir mal. En lugar de correr o pelear, recurren a cosas que pueden calmarlos o traerles una sensación de paz. Tratan los síntomas, no la fuente.

Los siete tratan positivamente el miedo; en este contexto, significa que corren en la dirección opuesta a los cinco. Los Cinco corrieron hacia adentro cuando se enfrentaron al miedo. Los Siete corren hacia afuera porque su miedo generalmente reside adentro, esperándolos. Así que se distraen o se entierran en una larga lista de experiencias, cada una diseñada para mantenerlos alejados de los sentimientos de incomodidad.

Dado que tanto los Cinco como los Siete corren, la única persona que lucha aquí es el Seis. Intentan hacer algo con su miedo, pero son consumidos por él. Los Cinco saben lo que temen, así que se encierran y se entrenan hasta que se convencen de que pueden vencer su miedo. Los Siete saben lo que temen, y tratan de lidiar con eso viviendo como si no estuviera allí, esperando que disminuya y desaparezca.

Algunas reflexiones sobre estas estrategias

Estas estrategias no son malas en sí mismas, pero nos ayudan a dar mucho más sentido a lo que aprecian nuestras personalidades. Vimos que nuestras emociones dominantes son dominantes porque cuando son enfrentadas por los tipos, los tipos se vuelven sus "yoes" sobresalientes.

Capítulo 3: Niveles de desarrollo

Dentro de cada tipo de personalidad, existe una escalera de crecimiento desde la inmadurez hasta la madurez. Estos niveles nos muestran cómo se ven los tipos en su viaje hacia la autorrealización o cuando se alejan de este objetivo. Este es uno de los desarrollos más importantes del Eneagrama porque nos muestra cómo las personas pueden cambiar y seguir siendo del mismo tipo básico. Si entendemos los tipos correctamente, podemos ver rápidamente por qué se desarrollan y retroceden de la forma en que lo hacen. Cada tipo tendrá tendencias que están preparadas para arrastrarlo hacia abajo o hacia arriba en la escalera. En cada tipo de personalidad, nueve niveles se dividen en tres amplias categorías: saludable, promedio e insalubre. Los terapeutas pueden brindarte consejos fácilmente si tienen una idea clara de dónde te encuentra en la escalera, ya que todos requerirán el mismo tipo de intervención. El peldaño más bajo de la escalera sería el nivel nueve y el más alto sería el nivel uno. Estos son los niveles a continuación:

- Nivel 1: el nivel de liberación
- Nivel 2: el nivel de capacidad psicológica
- Nivel 3: El nivel de valor social
- Nivel 4: El nivel de desequilibrio / rol social
- Nivel 5: El nivel de control interpersonal
- Nivel 6: El nivel de sobrecompensación
- Nivel 7: El nivel de infracción
- Nivel 8: El nivel de obsesión y compulsión
- Nivel 9: El nivel de patología destructiva (Cómo funciona el sistema – The Enneagram Institute, 2014)

Vamos a examinar cómo se ven estos niveles en todos los tipos que hemos discutido. Mirar cómo se manifiestan nos hará comprender mejor los tipos y, lo más importante, ver dónde estamos en esa escalera. Una vez que hayamos identificado nuestro nivel de desarrollo, sabremos qué hacer para lograr la autorrealización. Los niveles saludables son los niveles uno, dos y tres. Los niveles promedio son los niveles cuatro, cinco y seis. Los niveles insalubres son los niveles siete, ocho y nueve.

Examinaremos brevemente lo que significan estas clasificaciones antes de examinar cómo se tratan. En la psicología del yo, el yo se divide en tres partes: el ello, el yo y el superyó. El ello es la parte más instintiva de nosotros mismos; está lleno de nuestros deseos más bajos. Es primitivo, irrazonable y representa nuestro yo subdesarrollado. Un ejemplo perfecto de la identificación son los bebés que no tienen en cuenta nada más que la satisfacción de sus necesidades a toda costa. El yo se desarrolla cuando el ello es desafiado por el entorno que lo rodea. El yo es la parte de la toma de decisiones, que intenta utilizar la razón, el compromiso y otras estrategias para satisfacer las necesidades del yo o del superyó. El superyó es la parte social y moralmente consciente de nosotros mismos. Tiene que ver con hacer lo correcto y llevarse bien con los demás en el mundo. El ello y el superyó trabajan para influir en el proceso de toma de decisiones del yo.

Pensar en la psicología del yo es importante porque, como veremos, los niveles se parecen más o menos a esta configuración. Cuanto más se sube por los niveles, más conscientes y objetivos se vuelven; la palabra que se usa comúnmente para describir esto es "presente".

Los niveles saludables

Estos son los niveles en los que estamos más presentes. Aquí, las personas son más objetivas y están en sintonía con el medio ambiente. Esto significa que podemos alejarnos de nosotros mismos y vernos a nosotros mismos desde un punto de vista neutral y actuar de una manera que escape a las trampas de nuestros lados más oscuros. Esta parte puede considerarse como la que se parece mucho al superyó en la psicología del yo. Se caracteriza por una conciencia similar de uno mismo dentro de la sociedad.

Los niveles promedio

Los niveles promedio se caracterizan por una mezcla de características tanto saludables como insalubres. Aquí, la conciencia se está construyendo, pero la persona en esta etapa todavía lucha con los aspectos más oscuros y básicos de su personalidad. Esta parte se parece mucho al yo, porque el yo a menudo se encuentra en una posición de compromiso, haciendo malabarismos con las necesidades tanto del ello como del superyó. Pero a diferencia de la psicología del yo, estos niveles reflejan etapas genuinas de desarrollo en nuestro viaje, no un aspecto de la personalidad que siempre está con nosotros. Simplemente les estoy mostrando estas similitudes para que puedan comprender mejor lo que se entiende por términos como egocéntrico dentro de un contexto de Eneagrama (significa que la persona se parece más al ello; no al yo, por extraño que parezca).

Los niveles insalubres

Se puede pensar en el ello como nuestra parte más egocéntrica y subjetiva de nosotros mismos, menos consciente o despierto. El más bajo está en la escalera, el menos presente; se consumen con las partes más viles, agresivas, negativas y crudas de su personalidad.

En estos niveles, nos parecemos al ello porque somos más abrasivos, irracionales y compulsivos. Cuando escuchas a un comentarista decir que la persona se parece más a su ego, o que es egocéntrica, eso es lo que quiere decir. En los ciclos del Eneagrama, el término ego es casi sinónimo del yo más oscuro, por lo que nuestro yo no reformado, más básico, es el ego.

Tipo 1: El reformador

Niveles insalubres

Nivel 9: Aquí, vemos a algunos que son bastante crueles e intolerantes con aquellos a quienes perciben como malhechores. Esto no es extraño para un tipo que intenta reprimir la ira. Son propensos a la depresión y otros trastornos emocionales.

Nivel 8: Los vemos preocupados por las imperfecciones de los demás a pesar de que ellos mismos actúan de manera muy similar a los que juzgan. Esto se debe principalmente a la falta de conciencia de sí mismo.

Nivel 7: Todavía están establecidos en sus caminos y predican a otros sobre la moralidad. También se obsesionan con el camino "correcto" de la "verdad". Nadie puede cumplir con sus estándares, pero cuando se desvían, es por alguna razón mayor que lo justifica todo.

Niveles promedio

Nivel 6: Aquí, comenzamos a ver que la excepcionalidad se desvanece una vez que vuelven su actitud crítica no solo hacia los demás sino hacia sí mismos. No los hace menos duros críticamente ni rebaja sus estándares. Todavía muestran impaciencia a través de regaños y otros comportamientos de confrontación, y se apresuran a señalar cuando algo no se está haciendo "de la manera correcta".

Nivel 5: Aquí, comenzamos a ver que algunos se vuelven cautelosos y puritanos. Muestran esto volviéndose extremadamente organizados, ordenados y emocionalmente ausentes. Aplican la misma frugalidad a sus impulsos emocionales.

Nivel 4: Ahora, al mirar el mundo que los rodea, se sienten insatisfechos con su estado, y como son los que tienen los ideales más altos, sienten la necesidad de salir y dar forma a la palabra. Se convierten en activistas, volcándose en diversas causas e iniciativas para lograr lo que debería ser.

Niveles saludables

Nivel 3: Aquí, comenzamos a ver los mejores. Se centran en hacer justicia. Su sentido de responsabilidad social surge de formas menos agresivas, formas que son más fáciles de recibir para los demás.

Nivel 2: Los vemos con un sentido desarrollado del bien y el mal, reflejado en fuertes creencias ontológicas y morales. Comienzan a mostrar más racionalidad y comienzan a instalar el equilibrio en sus vidas.

Nivel 1: ahora, vemos el tipo en su mejor momento. Son muy conscientes. Son más capaces de apreciar cómo son las cosas y resolver las cosas con matices y sabiduría que antes estaban ausentes. En este punto, comprenden mucho mejor las deficiencias de los demás y del mundo, lo que les da la gracia de lidiar con ellas. Se convierten en gurús, inspirando a otros hacia la verdad, la humanidad y la esperanza.

Tipo 2: El ayudante

Niveles insalubres

Nivel 9: Se sienten utilizados por otros, por lo que se enfurecen en ira y resentimiento. En lugar de ser confrontativos, esa ira se presenta como un problema de salud física.

Nivel 8: Sienten que la gente les debe por todo lo que han hecho, por lo que exigen que se les reembolse cualquier favor que les hayan dado. Esto puede volverse enérgico. Si bien este comportamiento puede parecer algo que haría un ocho, la asertividad de los dos proviene de sentirse obligados, no porque quieran afirmar el control.

Nivel 7: hacen sentir culpables a los demás, recordándoles todo lo que han hecho por ellos. Pueden comportarse de formas muy engañosas y manipuladoras. Alrededor de este tiempo, hablan con los demás de una manera que los hace sentir menos importantes o sin importancia. Esto se debe al hecho de que los dos sienten que las personas en sus vidas los dan por sentado.

Niveles promedio

Nivel 6: Empiezan a sentir que son especiales, que aportan valor a la mesa. Se ven a sí mismos como mucho más útiles e importantes de lo que se están mostrando, de haber dado la forma en que dieron. Pueden parecer un poco pomposos y condescendientes.

Nivel 5: Comenzamos a verlos involucrarse más en los asuntos de aquellos en sus vidas. Esto se debe a que quieren ser necesarios y sienten que se puede confiar en ellos. Para hacer eso, se insertan en la vida de los demás, buscan más cercanía en sus relaciones y se vuelven posesivos. Se cansan en el proceso.

Nivel 4: Se deshacen de su lado más intrusivo y lo que queda es la necesidad de complacer a los demás. Esta es una nueva forma en que pueden sentirse necesarios y valiosos. Entonces se vuelven más amigables, coquetos, expresivos y se presentan como personas con las mejores intenciones.

Niveles saludables

Nivel 3: Empiezan a dejar de complacer a los demás para que puedan sentirse importantes, amados o necesitados. Aún aprecian el valor de ayudar a los demás. Así que continúan siendo generosos y dando, pero esta vez han dejado de tener derecho.

Nivel 2: Empiezan a desarrollar mucha más empatía y compasión. Aquí los vemos atendiendo las necesidades de los demás, siendo considerados y atentos. Esta autenticidad es el resultado de aprender que para ser verdaderamente amado hay que amar y no esperar nada. A partir de ahí, comienzan a ver a los demás con claridad a medida que dejan de pensar en lo que obtendrán de las cosas que hacen por los demás. Entonces se cultivan la empatía y la compasión.

Nivel 1: Ahora son verdaderamente altruistas, habiendo descubierto la magia del altruismo. Derraman a los demás con amor incondicional y se sienten bendecidos de estar en esa posición.

Tipo 3: El triunfador

Niveles insalubres

Nivel 9: Pueden expresar un comportamiento psicopático y son más propensos al trastorno narcisista de la personalidad. No quieren ver a otros que son más felices o más exitosos que ellos, por lo que sabotean a otros.

Nivel 8: Quieren tener éxito a cualquier precio, por lo que ocultan sus errores y es más probable que practiquen "fingir hasta que lo consigas" a expensas de los demás. Es en esta etapa en la que son más engañosos, indignos de confianza y celosos.

Nivel 7: En su búsqueda del éxito, desarrollan tácticas de explotación, habiendo aprendido que la traición solo es efectiva a corto plazo. Al mismo tiempo, el oportunismo y la explotación pueden mantenerse durante mucho más tiempo. Todavía están celosos del éxito de otras personas.

Niveles promedio

Nivel 6: Los Tres exhiben un comportamiento narcisista; se creen superiores a los demás. Están llenos de arrogancia. No dejan de promocionarse y de verse y sonar más increíbles de lo que son.

Nivel 5: Comienzan a preocuparse por su imagen y cómo los ven los demás. Dirigen su atención a las cosas que facilitarán su éxito. Se vuelven trabajadores y se aseguran de que todos sus pasos estén guiados por el pragmatismo. Durante este período de extrema ambición, pierden la capacidad de sentir sus emociones porque siempre están mirando hacia adelante.

Nivel 4: En su búsqueda del éxito, comenzamos a ver que los tres se obsesionan más con su desempeño y productividad. Ya se basan en ser pragmáticos en su enfoque de los problemas. Ahora, quieren asegurarse de que lo están haciendo lo suficientemente bien. Están cada vez más aterrorizados por el fracaso, habiendo sabido lo duro que trabajan y lo duro que han trabajado. Son propensos a la adicción al trabajo, a trabajar fuera del horario y a llevarse el trabajo a casa. Quieren salir adelante y ascender en la escala social.

Niveles saludables

Nivel 3: En esta etapa, sienten que aún no han alcanzado su máximo potencial, incluso cuando podrían tener más éxito que la mayoría de las personas en el campo que han elegido. Otros ya los miran con gran reverencia, pero todavía sienten que hay más que pueden hacer, pero ese sentimiento no proviene del miedo a fallar. Ahora está motivado por un interés en ellos mismos y hasta dónde pueden esforzarse.

Nivel 2: la arrogancia y la confianza que mostraban al principio ahora son reemplazadas por sentimientos de alta autoestima, gracia y carisma. Están tan seguros de sí mismos y de quiénes son. Ya no sienten la necesidad de ser vengativos. Incluso pueden animar a los demás.

Nivel 1: Al sentir que han explorado todo lo que pueden sobre sí mismos y sus límites, sin mencionar que se sienten orgullosos de sí mismos, se vuelven modestos, generosos, gentiles y auténticos. Ahora encuentran mucho amor y aceptación para sí mismos.

Tipo 4: El individualista

Niveles insalubres

Nivel 9: Aquí, vemos a los cuatro consumidos por sentimientos de desesperanza; también pueden exhibir un comportamiento autodestructivo. Son propensos a la depresión y al trastorno narcisista de la personalidad. Se automedicarán con drogas y alcohol. Puede que aquí se sientan solos o como si no pertenecieran a ninguna parte.

Nivel 8: Se vuelven extremadamente delirantes sobre sí mismos, su lugar en el mundo y cómo los ven los demás. Dirigen mucha ira y odio hacia ellos mismos. No sienten que nadie sufra su dolor, por lo que rechazan a cualquiera que esté tratando de ayudar, creyendo que de alguna manera son ajenos y deficientes.

Nivel 7: Están emocionalmente entumecidos. Desde fuera, se ven deprimidos, fatigados y les resulta difícil funcionar. Se apartan de los demás, pero lo que es diferente aquí es que no son consumidos por sentimientos de odio a sí mismos, aunque todavía pueden albergar una gran cantidad de ira hacia ellos mismos.

Niveles promedio

Nivel 6: Están convencidos de que son diferentes a los demás. Esto les dice que no pueden someterse a los mismos estándares que todos los demás. Así que vivir como todo el mundo empieza a sentirse como una tarea y una restricción. Para escapar, se entregan a sí mismos o se adentran en su rico mundo interior, alejándose cada vez más de los demás.

Nivel 5: Todavía son emocionalmente sensibles y crudos, pero ahora se están volviendo mucho más cohibidos. Sin embargo, les resulta difícil sumergirse por completo en lo que sucede a su alrededor. Son extremadamente sensibles y están influenciados por todo lo que se dice a su alrededor. Beben el mundo en lugar de convertirse en un participante importante en él. Esto los vuelve de mal humor y cada vez más inseguros de sí mismos.

Nivel 4: Recurren al arte para la salvación, ya sea creando o consumiendo. Hacen que su experiencia sea mucho más profunda, incorporan más significado e importancia que cualquier otra persona. No tiene que ser arte, solo tiene que ser algo que les permita examinar e interactuar con sus sentimientos durante largos períodos. Esto puede mostrarse como otras pasiones como los juegos.

Niveles saludables

Nivel 3: Ahora ellos mismos son verdaderos; descartan todos sus sentimientos negativos sobre sí mismos. Empiezan a abrazarse a sí mismos como son. Este tipo de madurez proviene de una gran cantidad de fuerza emocional. Ha sido elaborado a través de años de permitirse sentir.

Nivel 2: Se vuelven más conscientes de sí mismos y mucho más conscientes de sus sentimientos, ahora pueden saber claramente dónde comienza uno, dónde termina el otro y por qué. Tienen un mejor control sobre ellos, a diferencia de al principio, cuando a veces sentían que estaban a cargo solos.

Nivel 1: aquí están en su mejor momento; ahora logran cumplir con su ventaja creativa. Se sienten capacitados para asumir cualquier cosa y pueden experimentar las cosas con más riqueza y aprecio que cualquier otra persona. Pueden encontrar formas creativas de convertir experiencias, incluso aquellas que son incómodas, en cosas maravillosas que deben ser apreciadas y disfrutadas. Esto se debe a que ahora tienen un vasto léxico emocional; pueden apreciar todo tipo de matices.

Tipo 5: el investigador

Niveles insalubres

Nivel 9: En este punto, los cinco pueden incluso sentir que no existen. Se sienten completamente sin forma y pueden sentirse aplastados por el mundo que los rodea. Y entonces se vuelven suicidas o se involucran en un comportamiento autodestructivo.

Nivel 8: Están completamente enamorados de sus ideas, pero sienten que su mente tiene mente propia, lo que genera ansiedad. Sus mentes exploran cosas horribles, cosas que los asustan o incluso los perturban. Pueden sentirse asustados por su mente en esta etapa.

Nivel 7: Aquí, vemos que los Cinco se aíslan debido a esto y se alejan aún más de los demás. Están mal equipados socialmente y no están interesados en aprender a interactuar socialmente, por lo que alejan a los que intentan entrar en sus vidas. También se refugian en sus pensamientos y teorías porque los encuentran más interesantes.

Niveles promedio

Nivel 6: Vemos a cinco protegiendo su mundo interior. Empiezan a practicar su llamarada intelectual volviéndose argumentativos. A veces, mantienen puntos de vista extremos o controvertidos solo por el vigor intelectual de todo esto. Odian cuando la gente los distrae de esta búsqueda.

Nivel 5: Empiezan su aventura con ideas cada vez más complejas. Esto hace que se retraigan.

Nivel 4: Piensan detenidamente antes de actuar. Explorar las cosas en su mente con todas sus diferentes permutaciones les da la confianza que necesitan para actuar. Esto los convierte en buenos investigadores y buenos pronosticadores. Debido a todo esto, desarrollan una desconfianza de aceptar las cosas a primera vista, ya que han aprendido cómo cambian las cosas bajo una observación cuidadosa. Como resultado, ponen a prueba ideas y desafían tradiciones y sabiduría establecidas.

Niveles saludables

Nivel 3: Su amor por el conocimiento y su inclinación aventurera ahora los ha atraído a algo que les interesa mucho. Se enfocan en desarrollar el dominio en ese tema, dedicando horas, días, meses e incluso años a esa búsqueda. Durante este tiempo, desarrollan formas de pensar muy originales y se vuelven independientes.

Nivel 2: Ahora que han adquirido todo ese conocimiento, miran el mundo que los rodea con una mente extraordinariamente perceptiva, capaz de separar las cosas hasta su funcionamiento más fundamental. Una vez que hayan hecho esto, pueden llegar a ideas y predicciones increíbles. Nada se les escapa.

Nivel 1: Ahora que han acumulado tanto conocimiento y experiencia, se vuelven de mente abierta, se vuelven inventivos e impulsan los respectivos campos en los que se encuentran.

Tipo 6: El leal

Niveles insalubres

Nivel 9: En el peor de los casos, son autodestructivos y suicidas, como los cinco. Intentan escapar de todos estos sentimientos intensos a través de las drogas, el alcohol y otros medios destructivos. Esto se debe a que sus sentimientos de ansiedad y paranoia se vuelven tan dominantes que encuentran que tomar sustancias disminuye el dolor.

Nivel 8: Se sienten atacados por otros, por lo que recurren a la violencia y la agresividad para protegerse. Este comportamiento puede parecer irracional, pero dentro de su psique, la seguridad proviene de aquellos que los apoyan, y algo aparentemente desafiante no parece algo que pueda actuar en su mejor interés.

Nivel 7: Aquí, temen que su comportamiento sabotee el poco apoyo y seguridad que tienen y entran en pánico. Este pánico los vuelve inestables y se sienten sin seguridad, por lo que buscan otras fuentes de seguridad.

Niveles promedio

Nivel 6: Se sienten inseguros, por lo que se vuelven reaccionarios y divisivos. Hacer esto los hace parecer duros y la tenacidad esconde su vulnerabilidad. Esta vulnerabilidad los hace demasiado ansiosos por señalar con el dedo a los demás.

Nivel 5: Aquí, se convierten en una mezcla de diferentes impulsos: el impulso de resistir y el impulso de afirmar su fuerza. Por ello, recurren a la agresividad pasiva y parecen indecisos, y tardan un poco en completar una tarea. Esto sucede porque todavía no están seguros de su seguridad, ya sea de los demás o de su capacidad para proporcionarla por sí mismos. Así que todavía están tratando de descifrarse.

Nivel 4: Ahora, tienen una idea de dónde se encuentran y qué pueden hacer para lograr una seguridad completa. Luego gastan su energía y tiempo tratando de lograrlo. Pueden volverse muy organizados, estructurados. Este cambio muestra cuán interesados están en que las cosas vayan bien porque, para ellos, lo que está en juego es todo su bienestar, su propio sentido de propósito.

Niveles saludables

Nivel 3: Se vuelven trabajadores y dedican su tiempo y recursos a instituciones, personas y comunidades que brindan y mantienen la seguridad y la protección. Muestran cuán socialmente constructivos pueden ser.

Nivel 2: Forman relaciones sólidas con los demás, basadas en la confianza y la apertura. Debido a esto, muchas personas los encuentran enamorados y rápidamente se sienten seguros en su compañía.

Nivel 1: Son completamente independientes, pero se niegan a no involucrarse por completo en el mundo y en la vida de los demás si se necesita su apoyo. Como resultado, parecen ser interdependientes, pero cooperan por la bondad de su propio corazón. Aquí pueden asumir fácilmente roles de liderazgo o ascender a puestos de responsabilidad. Son un pozo de estabilidad y sabiduría.

Tipo 7: El entusiasta

Niveles insalubres

Nivel 9: Son propensos a tener sentimientos de depresión y se vuelven suicidas. En su caso, su inestabilidad emocional en esta etapa es peligrosa porque se mezcla con impulsividad, lo que los hace particularmente propensos a tomar sobredosis o intentar suicidarse mucho antes de lo que la gente esperaría.

Nivel 8: Debido a que los sietes son muy expresivos, comenzarás a verlos volverse más erráticos e inestables. No podrán evitar mostrar todos sus impulsos y cambios de humor.

Nivel 7: Están trabajando duro para controlar sus cambios de humor, ansiedades aplastantes y depresión, por lo que se entregan a todo tipo de cosas que pueden ayudar en ese sentido. Esto los hace caer en exceso con el alcohol, las drogas y   tras adicciones que parecen tener un efecto en su estado mental.

Niveles promedio

Nivel 6: Son combativos en sus relaciones, ya sean laborales o personales. Se niegan a transigir en todo lo que hacen, percibiendo hacerlo como un signo de rendición o debilidad. Tratan mal a los demás como una forma de afirmar su poder, y descubren que, si lo hacen, otros se doblarán fácilmente cuando se enfrenten a ellos. Su reputación es de gran importancia para ellos. Por eso aprovechan todas las oportunidades para inflarlo. Ésta es una de las formas en que se propaga su influencia.

Nivel 5: afirman su dominio dondequiera que vayan. Pero ahora dejan de ser intimidantes. Recurren a técnicas que les brindan una mejor oportunidad de ganarse el apoyo de los demás. Han aprendido que ser combativo e intimidante no son formas sostenibles de lograr el control a largo plazo.

Nivel 4: aprenden a ser autosuficientes. Se toman en serio la recolección de tantos recursos en sus vidas que les proporcionen el control y el poder adecuados. Debido a que el nivel de comodidad que desean está ligado a ser libres, pueden comenzar su propio negocio y trabajar sin descanso en él, incluso hasta el punto de descuidar todas sus otras necesidades.

Niveles saludables

Nivel 3: Tienen mucha más confianza en sus caminos y han encontrado su nicho. Ahora puede ser visto como un líder natural que ha aprendido a mantener un equilibrio ventajoso entre su lado más vicioso y su lado más trabajador y pragmático. Siempre están ansiosos por tomar la posición de poder en cualquier dominio en el que se encuentren.

Nivel 2: Encuentran en sí mismos una pasión por muchas de las cosas que quieren y las obtienen. Están menos preocupados por intentar controlarlo todo y estar en el poder porque confían en que lo tienen. Dondequiera que se encuentren, estarán bien. Así que entran en el trabajo con mucha más confianza, gracia y gentileza.

Nivel 1: Ahora son magistrales. Ahora han aprendido a domesticarse. Se muestran misericordiosos, valientes y en la cima de su juego.

Tipo 8: El retador

Niveles insalubres

Nivel 9: Cuando se enfrentan a una situación difícil, responden con fuerza de una manera que algunos podrían llamar bárbara, despiadada o desalmada. Se tambalean cerca de la sociopatía y el desorden antisocial. Esto se debe a que su mayor temor es la pérdida de control, por lo que hacen amenazas para mantenerse al mando. Creen que responder con tanta fuerza es la mejor manera de hacerlo.

Nivel 8: Creen que son mucho más poderosos de lo que generalmente son. Sobreestiman su influencia. Esto se debe a que, cuando otros se acobardan ante ellos, piensan que han ganado, sin darse cuenta de que solo sembraron enemigos.

Nivel 7: Se niegan a estar bajo el mando, la autoridad o el control de nadie, incluso cuando esa persona lo espera legítimamente de ellos. Se rebelan y van a cualquier lugar donde puedan afirmarse. Esto se debe a que perciben cualquier sumisión como una amenaza para su sentido de sí mismos.

Niveles promedio

Nivel 6: Son combativos en sus relaciones, ya sean laborales o personales. Se niegan a transigir en todo lo que hacen, percibiendo hacerlo como un signo de rendición o debilidad. Tratan mal a los demás como una forma de afirmar su poder, y descubren que, si lo hacen, otros se doblarán fácilmente cuando se enfrenten a ellos. Su reputación es de gran importancia para ellos. Por eso aprovechan todas las oportunidades para inflarlo. Ésta es una de las formas en que se propaga su influencia.

Nivel 5: Afirman su dominio dondequiera que vayan. Pero ahora dejan de ser intimidantes. Recurren a técnicas que les brindan una mejor oportunidad de ganarse el apoyo de los demás. Han aprendido que ser combativo e intimidante no son formas sostenibles de lograr el control a largo plazo.

Nivel 4: Aprenden a ser autosuficientes. Se toman en serio la recolección de tantos recursos en sus vidas que les proporcionen el control y el poder adecuados. Debido a que el nivel de comodidad que desean está ligado a ser libres, pueden comenzar su propio negocio y trabajar sin descanso en él, incluso hasta el punto de descuidar todas sus otras necesidades.

Niveles saludables

Nivel 3: Tienen mucha más confianza en sus caminos y han encontrado su nicho. Ahora puede ser visto como un líder natural que ha aprendido a mantener un equilibrio ventajoso entre su lado más vicioso y su lado más trabajador y pragmático. Siempre están ansiosos por tomar la posición de poder en cualquier dominio en el que se encuentren.

Nivel 2: Encuentran en sí mismos una pasión por muchas de las cosas que quieren y las obtienen. Están menos preocupados por intentar controlarlo todo y estar en el poder porque confían en que lo tienen. Dondequiera que se encuentren, estarán bien. Así que entran en el trabajo con mucha más confianza, gracia y gentileza.

Nivel 1: Ahora son magistrales. Ahora han aprendido a domesticarse. Se muestran misericordiosos, valientes y en la cima de su juego.

Tipo 9: El pacificador

Niveles insalubres

Nivel 9: Tienen altos niveles de auto descuido. Son conocidos por estar desorientados y sentirse confundidos y molestos.

Nivel 8: Dado que tienen tan poca paz dentro de ellos, se esfuerzan por proteger la poca paz que pueden reunir. Así que bloquean los problemas del mundo que los rodea y se refugian en su interior. Debido a que se refugian, no pueden funcionar fácilmente dentro de la palabra y el mundo puede ser sobre estimulante a veces.

Nivel 7: Tienen un alto sentido de vulnerabilidad; sienten que no pueden lidiar con los problemas o conflictos que puedan surgir. Así que hacen todo lo posible para evitar conflictos. Todavía encuentran el mundo demasiado duro para ellos.

Niveles promedio

Nivel 6: Como estrategia para lidiar con la sobrecarga, comienzan a hacer las cosas mucho menos serias de lo que son: minimizan. Esperan que si lo hacen no se sientan amenazados y que quienes los rodean no respondan de manera desfavorable a la situación. Este método se extiende a las personas. También pueden volverse tercos porque solo conocen algunas formas que funcionan para ellos: tienen muy pocos mecanismos de afrontamiento que otros puedan entender.

Nivel 5: Comienzan a involucrarse, pero todavía parecen estar alejados, desatentos y retraídos. Hacen esto porque no quieren verse afectados cuando las cosas se ponen feas; esta estrategia de distanciamiento y de pies en el agua sirve para ese propósito. Se niegan a confrontar o enfrentar los problemas de frente, o incluso a traer noticias que puedan ser preocupantes; en cambio, ocultan estos problemas el mayor tiempo posible. Pasan mucho tiempo pensando.

Nivel 4: Todavía temen meterse en conflictos, por lo que se vuelven humildes, reservados y complacientes en su trato con los demás. Ya no son distantes, pero se niegan a hacer valer su voluntad, sino que están de acuerdo con los demás. En este punto, todos están felices de verlos involucrados porque es mucho más cómodo tratar con eso. Se adaptan fácilmente y, cuando se encuentran en situaciones difíciles, se desvían.

Niveles saludables

Nivel 3: Se vuelven más solidarios con los demás, se sienten cómodos de no estar en el centro de atención. Piensan mucho, por lo que un nueve muy perspicaz puede ofrecer un gran consejo a quienes están en posiciones de poder. Disfrutan suavizando las cosas cuando las personas están en conflicto y tienen habilidades excepcionales de negociación, habiendo aprendido a obtener lo que quieren sin ser enérgicos.

Nivel 2: Son serenos y son un pozo de armonía y paz.

Nivel 1: Se sienten satisfechos y contentos; ven el mundo con más conciencia. Pueden formar relaciones profundas y fuertes, y dondequiera que vayan, irradian paz y quietud. Están conectados con el presente y con los demás con gran profundidad e intensidad sin perderse de vista a ellos mismos.

Capítulo 4: Autorrealización

Este capítulo explorará lo que tienen que hacer los diferentes tipos de personalidad para llegar rápidamente a la autorrealización.

Tipo 1: El reformador

Necesitan darse cuenta de que el mundo no depende completamente de ellos para que se produzca el cambio. Pueden descansar y gastar su energía en otra parte. Está bien cuidarse a sí mismos primero. El planeta entero es el proyecto de muchos; cada uno de nosotros hace algo que cuenta de alguna manera grande o pequeña. Así que juega tu parte y no te excedas.

Es posible que sientas que es tu lugar decirle a los demás cuando han hecho algo mal o sentirse justificado para mostrar su enojo e insatisfacción. Debes aprender que todos tenemos nuestras deficiencias y que lo que encuentras fácil y obvio puede que no les resulte tan fácil a los demás, y viceversa. Por lo tanto, debes practicar mucha más paciencia con los demás. Cuando sientas la necesidad de ser crítico, piensa en algo agradable que puedas decir sobre la persona. El refuerzo positivo es muy alentador y crea relaciones duraderas a largo plazo. Esto es lo que necesitas.

Déjate ser humano; permítete sentir cosas y hablar más abiertamente sobre tus emociones. Esto fomentará relaciones más profundas con otras personas en tu vida. Puede ser difícil hacerlo, pero debes darte cuenta de que otras personas no ven las emociones o la naturaleza humana de la misma manera que tú. No son tan rápidos para juzgar o encontrar faltas, por lo que está bien confesarse y abrirse. Te hará mucho más justo. Si encuentra fallas en ti mismo, abrázalas y no seas duro contigo mismo, ya que esto te permitirá manejar mejor el problema.

Tipo 2: El ayudante

Debes aprender temprano que debes atender tus necesidades antes de satisfacer las de cualquier otra persona. Si haces esto, te liberarás de los sentimientos de resentimiento, ira y derecho. Las personas que aceptan tu ayuda lo hacen asumiendo que tú estás en condiciones de ayudar; no están al tanto de todos los sacrificios que haces. Entonces, cuando te enojas con ellos por eso, lo ven como injusto porque no te habrían preguntado si lo supieran.

Siempre que sientas la necesidad de ayudar a alguien, observa tus motivaciones. Si esperas algo a cambio y es apropiado preguntar, déjalo claro. De lo contrario, ayuda a los demás porque es lo correcto y te hace feliz. Cuanto antes aprendas que nadie te debe nada, antes te ahorrarás muchos dolores de cabeza y te convertirás en la fuente de toda tu felicidad. Las personas se sienten atraídas y aman a las personas felices consigo mismas.

No hagas que los demás se sientan en deuda contigo, aunque lo estén. Hacerlo solo hará que los que te rodean se sientan mal y es posible que se aparten de ti.

Tipo 3: El triunfador

Trabajas duro y puedes sentir que esto es lo único que debería importar, pero no lo es. Permítete tomar descansos y conectarte con las personas en tu vida. No tiene por qué ser algo que ocupe todo el día, un par de mensajes de texto o una llamada telefónica o compartir el almuerzo con ellos será suficiente. Esto repondrá tus recursos y te permitirá convertirte en un individuo más completo que tiene éxito en muchos frentes. No es bueno tener cosas juntas en un área y no mucho en otras áreas de tu vida.

No trates de impresionar a los demás siendo jactancioso y llamativo, esto solo alejará a otras personas de ti o arruinará la esencia de tu relación con ellos. Los frutos de tu trabajo hablarán por sí mismos. Trata de ser auténtico y con los pies en la tierra, y no te escondas detrás de grandes ideas sobre quién eres y lo que has logrado. Aprende a cooperar con los demás y a participar en un proyecto social. Esto te ayudará a encontrarte a ti mismo.

Tipo 4: El individualista

No te dejes llevar puramente por tus sentimientos. Debes hacer las cosas incluso cuando no estés de humor para hacerlas porque hacerlo te ayudará a revelar tu naturaleza a ti mismo, ya que estarás fuera de los límites de tus emociones. Digo esto porque los cuatro a menudo confunden cómo se sienten con quiénes son, pero los sentimientos no son tu identidad, son eventos que te suceden. Para crecer, necesitas descubrir quién eres más allá de tus vínculos.

Aprende a afrontar nuevos desafíos incluso si sientes que no estás preparado o estás mal preparado. Es la única forma en que desarrollarás plena confianza en ti mismo y crecer. Deberías pensar en reducir la cantidad de alcohol que bebes o autocomplacerte, ya que estas cosas te afectan negativamente. A veces no es que no lo estás haciendo bien porque eres incapaz, sino que son los hábitos poco saludables los que te están frenando.

Tipo 5: El investigador

Puedes ser indeciso ya que puedes ver muchas formas en que una situación podría evolucionar. Puede resultar útil acelerar tu proceso de toma de decisiones. Encuentra a alguien en cuyo juicio confíes y pídele que te dé consejos. Al final, debes sentirte cómodo con el hecho de que no existen decisiones perfectas. Lo mejor que puedes hacer es tomar decisiones con menos desventajas. Confía en el hecho de que no puedes tomar demasiadas malas decisiones seguidas, por lo que, si descubres que has tomado una, puedes salir de ella; no es el fin del mundo.

Debes permitirte calmarte y aquietar tu mente. Por tanto, es importante encontrar actividades que te ayuden a hacer esto. Puede ser fácil recurrir a las drogas y al alcohol para lograr esto, pero estas sustancias no son buenas para la autoestima o la sensación de bienestar. Pasan por alto tu proceso de toma de decisiones, por lo que te encuentras tomando decisiones que normalmente no tomarías, y esto puede lastimarte. Usa sustancias con moderación o no las uses en absoluto. La meditación puede resultar muy beneficiosa para ti. Aprende a controlarte y no dejarte atrapar por donde tu curiosidad te lleve.

Tipo 6: El leal

La ansiedad es un gran problema para ti. Siempre sientes que algo puede salir mal incluso cuando las cosas parecen estar bien. Este sentimiento de inquietud es algo de lo que debes aprender a no huir. Debe darse cuenta de que la mayoría de las cosas que te preocupan no suceden en absoluto. Por ejemplo, puedes simplemente anotar las cosas que te preocupan en un diario. Luego, regresa para ver cuáles de las cosas que te preocuparon se han hecho realidad, y verás que muy pocas lo han hecho. Podrías decir: "Todavía no". Pero esto pierde el punto; cuando estás ansioso, estás ansioso de que suceda en cualquier momento. Deberías preguntarte, si no ha sucedido desde entonces, ¿de qué sirve vivir como si hubiera sucedido?

Deberías aprender a calmarte de una manera saludable; las drogas y el alcohol solo empeorarán tu situación ya que pueden desestabilizar tu mente. Debes aprender a confiar en los demás; si lo encuentras difícil, es posible que las personas que te rodean no inspiren confianza, así que busca a alguien que sí lo haga. Si bien no todos inspiran mucha confianza, la mayoría de las personas merecen al menos algo, así que aprende a delegar y a confiar en los demás. Esto te hará sentir mucho más ligero.

Tipo 7: El entusiasta

Tu mayor problema es tu impulsividad. Debes tratar de observar tus impulsos, experimentarlos como son y dejarlos pasar. El objetivo de esto es que te des cuenta de que no tienes que actuar en todos. Aprende a hacer las cosas con moderación. Intenta practicar una gratificación más retrasada; no siempre tienes que tener lo que quieres cuando lo quieres. Estos pequeños hábitos te ayudarán a descubrirte a ti mismo porque no estarás demasiado ocupado sumergiéndote en lo que te llame la atención.

Tipo 8: El retador

No siempre es necesario tener el control de las situaciones. Aprende a darles espacio a los demás y la oportunidad de controlar las cosas, y dales la autonomía que se merecen. No estarás preparado para tomar la iniciativa en todas las situaciones. No todo el que parece interponerse en tu camino está en tu contra. En general, las personas tienen buenas intenciones, así que trata de encontrar las buenas razones por las que las personas en tu vida hacen lo que hacen. Debes resistir el impulso de ser amenazante y confrontativo, sobre todo, no te dará lo que quieres. Esta estrategia no es útil a plazo; la vida es una maratón, no una carrera.

Tipo 9: El pacificador

No te hará daño ser honesto acerca de tus sentimientos y decirle a la gente lo que quieres, incluso si puede alterar las cosas. No todos los conflictos son malos y no todos conducirán al desastre; algunos de ellos son una oportunidad de crecimiento. Solo cuando te abras a esa idea comenzarás a tener relaciones nutritivas en tu vida. Debes estar seguro de que, si surge un conflicto, tu naturaleza pacífica es lo suficientemente competente para enfrentarlo. Tienes que ser más abierto y verás que el mundo es mucho más amable y acogedor con tu naturaleza de lo que crees.

Conclusión

Como prometí, nuestro viaje fue corto, pero con información útil. Espero que la guía que te he brindado te resulte útil en tu viaje por la vida y el autodescubrimiento.

Si disfrutaste este libro, ¡una revisión honesta siempre es apreciada!

www.ingramcontent.com/pod-product-compliance
Lightning Source LLC
Chambersburg PA
CBHW030310030426
42337CB00012B/660